M1 Die Reichsverfassung von 1871

Art.6. [1] Der Bundesrat besteht aus den Vertretern der Mitglieder des Bundes [also der Fürsten bzw. der freien Städte], unter welchen die Stimmführung sich in der Weise verteilt, dass Preußen mit den ehemaligen Stimmen von Hannover, Kurhessen, Holstein, Nassau und Frankfurt 17 Stimmen führt [die übrigen Bundesländer haben zusammen 41 Stimmen].
Art.7. [1] Der Bundesrat beschließt: 1) über die dem Reichstag zu machenden Vorlagen und die von demselben gemachten Beschlüsse.
Art.11. [1] Das Präsidium des Bundes steht dem König von Preußen zu, welcher den Namen Deutscher Kaiser führt.
Art.15. [1] Der Vorsitz im Bundesrate und die Leitung der Geschäfte steht dem Reichskanzler zu, welcher vom Kaiser zu ernennen ist.
Art.20. [1] Der Reichstag geht aus allgemeinen und direkten [Männer-] Wahlen mit geheimer Abstimmung hervor.
Art.24. Die Legislaturperiode des Reichstages dauert fünf Jahre. Zur Auflösung des Reichstages während derselben ist ein Beschluss des Bundesrats unter Zustimmung des Kaisers erforderlich.

sprachlich modernisiert

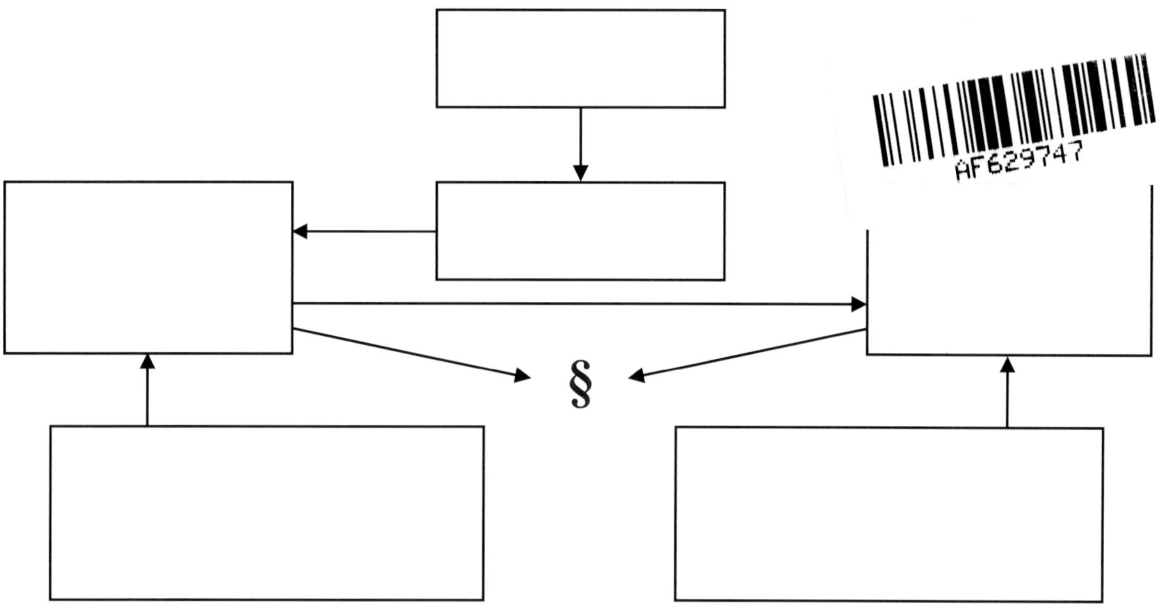

M2 Eine Charakterisierung der Reichsverfassung

Am 14. April 1871 wurde die Verfassung des Deutschen Reiches im Reichstag mit nur wenigen Gegenstimmen angenommen. Sie knüpfte im Wesentlichen an die Verfassung des Norddeutschen Bundes an, deren Kerngedanken von Bismarck selbst formuliert worden waren. Danach sollte der deutsche Nationalstaat auf dynastischer Grundlage, als Bund souveräner Fürsten, geschaffen werden, nicht aber auf Initiative oder gar durch entscheidende Mitwirkung des Parlaments. [...] Insgesamt war die Reichsverfassung ein merkwürdiger Zwitter: Einerseits kam sie mit der Gewährung des allgemeinen, gleichen, direkten und geheimen Wahlrechts den demokratischen Tendenzen der Zeit weit entgegen; andererseits enthielt sie starke Sicherungen gegen die Machtansprüche des Reichstags und eine Weiterentwicklung in Richtung auf ein parlamentarisches System. Die Grundfrage – autoritäre Monarchie oder parlamentarische Regierung – ließ sie in der Schwebe, sodass man sie mit Wolfgang J. Mommsen[1] als „ein System umgangener Entscheidungen" charakterisieren kann.

Volker Ullrich: Deutsches Kaiserreich. Frankfurt/M. 2006, S. 69

[1] deutscher Historiker (1930–2004)

1. Beschriftet die Kästchen und Pfeile des Schaubilds anhand der Verfassungsartikel. (M1)
2. Kennzeichnet im Schaubild die monarchischen und die demokratischen Elemente mit unterschiedlichen Farben. (M1)
3. Diskutiert die Aussage in M2, die Reichsverfassung sei ein „merkwürdiger Zwitter" gewesen.

M3 Das soziale Gefüge des Kaiserreichs – eine Klassengesellschaft

Die Gesellschaft des Kaiserreichs zeichnete ein hohes Maß an Ungleichheit und Differenzierung aus. Folgende Hauptgruppen, sogenannte Klassen, lassen sich unterscheiden:

- *Der Adel:* Seine maßgeblichen Vertreter waren die Großgrundbesitzer östlich der Elbe, die preußischen Junker. Sie konnten ihre privilegierte Position in Armee und hoher Beamtenschaft bewahren, genossen ein großes Sozialprestige und politischen Einfluss.
- *Das Bildungsbürgertum:* Seine Angehörigen wie Professoren, Gymnasiallehrer, Ärzte, Richter und Verwaltungsbeamte hatten als Gemeinsamkeit das abgeschlossene Hochschulstudium. Sie waren das kulturelle Leitbild der Epoche und zeichneten sich durch eine stilprägende Mentalität und Werteordnung aus.
- *Das Großbürgertum:* Als Industrielle, Großkaufleute und Bankiers verfügte diese Klasse über großen Wohlstand. Ihre Mitglieder kennzeichnete ein pragmatisches Erwerbsstreben, doch teilten sie die kulturellen Standards der Bildungsbürger.
- *Das Kleinbürgertum:* Gespalten in „alten Mittelstand" (Handwerker und Kleinhändler) und „neuen Mittelstand" (Angestellte) legten die Angehörigen dieser heterogenen Klasse Wert auf ihre Zugehörigkeit zum Bürgertum, waren aber vielfach abstiegsbedroht.
- *Die Arbeiterschaft:* Industriearbeiter waren eine lohnabhängige, stark wachsende Klasse. Sie lebten unter schwierigen wirtschaftlichen Verhältnissen, die sich aber allmählich verbesserten.

Verfassertext

M4 „Entsetzlich", Karikatur von 1895

Zeremonienmeister (zum Kammerherrn): „Um Gotteswillen, Sie stehen ja auf dem Schatten Sr. Durchlaucht!"

1. Erläutert den Begriff „Klassengesellschaft" für die Sozialstruktur des Kaiserreichs. (M3)
2. Interpretiert die Karikatur M4 vor dem Hintergrund von M3.
3. Untersucht arbeitsteilig, inwiefern die Aussagen von M3 in den Materialien M5–M7 ihren Niederschlag finden. Stellt eure Ergebnisse der Klasse vor.

Bald werde „die ganze Weltgeschichte von Adam an siegesdeutsch angestrichen und auf 1870 bis 71 orientiert sein" – so argwöhnte der Baseler Historiker Jacob Burckhardt (1818–1897) bereits im Jahr der Reichsgründung 1871. Unter Federführung der Historiker Heinrich von Sybel (1817–1895) und Heinrich von Treitschke (1834–1896) setzte sich tatsächlich rasch eine Geschichtsdeutung durch, die im kleindeutschen Nationalstaat unter der Führung Preußens die Erfüllung der deutschen Geschichte sah. Dieses teleologische borussische Narrativ blieb bis zum Ende des Kaiserreichs dominant. Als Legitimitätsressource diente ihm die Sage von dem im Berg schlafenden Kaiser Barbarossa, der in Wilhelm I., wie im Kyffhäuserdenkmal versinnbildlicht, seine Auferstehung gefunden habe. Im Ersten Weltkrieg trat die These eines deutschen Sonderwegs hinzu, der sowohl den kapitalistischen Demokratien im Westen als auch dem repressiven Zarismus im Osten überlegen sei.

Nach Weltkrieg und Revolution bestimmte in den 1920er Jahren die Haltung der Historiker gegenüber der jungen Weimarer Republik maßgeblich ihre Sicht auf das Kaiserreich. Befürworter des neuen Staates wie Johannes Ziekursch (1876–1945) distanzierten sich von der Staatsschöpfung Bismarcks, die sie als unvereinbar mit dem liberalen Zeitgeist betrachteten. Vertreter des konservativen Lagers wie Adalbert Wahl (1871–1957) hielten dagegen am positiv konnotierten deutschen Sonderweg fest.

Infolge der Verbrechen des NS-Regimes schien der deutsche Nationalstaat gänzlich delegitimiert zu sein. Das gemäßigt-konservative historische Establishment der jungen Bundesrepublik um Gerhard Ritter (1888–1967) legte eine Geschichtsdeutung vor, laut der die Lichtgestalten des deutschen Sonderwegs wie Friedrich II., die preußischen Reformer und Bismarck nach dem Abgang des Eisernen Kanzlers keine adäquaten Nachfolger mehr gefunden hätten. Das Kaiserreich von 1871 war damit trotz des nachfolgenden NS-"Betriebsunfalls" grundsätzlich anschlussfähig für die Bonner Republik.

Wie ein Paukenschlag leitete 1973 Hans-Ulrich Wehler (1931–2014) mit seiner Darstellung des Kaiserreichs eine grundlegende und nachhaltige Neuinterpretation ein. Die von ihm mitbegründete Schule der „historischen Sozialwissenschaft" gab der Sonderwegthese eine ganz neue Bedeutung. Das Kaiserreich habe mit seinen reaktionären, autoritären und antidemokratischen Traditionsüberhängen Deutschland gegenüber Staaten wie Großbritannien und Frankreich auf einen Abweg gebracht. Da die Weimarer Republik mit der nachholenden politischen Modernisierung überfordert gewesen sei, habe der deutsche Sonderweg letztlich in den Nationalsozialismus geführt. Andere Historiker wie etwa Thomas Nipperdey (1927–1992) widersprachen dieser deterministischen Sichtweise entschieden.

Heute wird die Sonderwegthese in ihrer zugespitzten Form nicht mehr vertreten. Sehr lebendig ist dagegen die Debatte um die Modernität des Kaiserreichs (siehe Modul 12), wobei dessen – vermeintliche oder reale – erinnerungspolitische Instrumentalisierung für Legitimationszwecke und Anschlussfähigkeiten im Hintergrund oft mitschwingt. Für beide Lesarten lassen sich gute Argumente finden, die von den Protagonisten der Auseinandersetzung aber zumeist in einseitig-selektiver Form verabsolutiert werden. Hilfreich wäre eine offene, von Denk- und Deutungsschablonen befreite Perspektive.

Didaktische Profilierung

Die Struktur des Heftes ist vor dem Hintergrund des schillernden Charakters der Epoche sowie der aktuellen Modernitätsdebatte weitgehend kontrastiv bzw. komplementär angelegt – sowohl antimoderne und retardierende als auch progressive Aspekte kommen zum Zuge. Zwischen Modul 3 und Modul 9 wechseln sich diese Modi ab; entweder auf der gleichen Doppelseite links versus rechts (Modul 3–Modul 5) oder in der Abfolge der Doppelseiten (Modul 6–Modul 9). So erfahren die Schüler*innen unmittelbar die Ambivalenz der Epoche.

Didaktische und methodische Hinweise zu Material und Unterrichtsverlauf

Thema von *Modul 1* ist das *Verfassungsgefüge* des Kaiserreichs. Der in Schulbüchern gängige Zugriff bietet den Lernenden ein fertig ausgearbeitetes Organigramm, mit dessen Hilfe sie die Institutionen und Kompetenzen im deduktiven Verfahren benennen. Das Themenheft kehrt diese Vorgehensweise um: Die Schüler*innen füllen das vorstrukturierte Schaubild in M1 anhand zentraler Verfassungsartikel inhaltlich selbst aus. Das fördert ihre Eigenaktivität und es gelingt ihnen nur, wenn sie die Normen genau reflektieren und unterschiedliche Lösungsansätze mit ihren Mitschüler*innen zielführend diskutieren. Es folgt eine Beurteilung der Verfassung, die durch eine These aus der Forschung (M2) initiiert wird.

Modul 2 befasst sich mit der *Gesellschaftsstruktur* speziell der Wilhelminischen Epoche. Ein Text aus der Literatur (M3) macht die Lernenden mit dem Phänomen der Klassengesellschaft vertraut. Die exemplarischen Quellen M4–M7 greifen einige der in M3 thematisierten Aspekte auf: Adel (M4), Adel versus Bürgertum (M5), Abstufungen innerhalb des Bürgertums (M6) und Bürgertum versus Arbeiterschaft (M7). Es bietet sich an, die Materialien arbeitsteilig in Partner- oder Kleingruppenarbeit zu erschließen.

Mit *Modul 3* beginnt das komplementär-kontrastive Thementableau. Während die linke Seite den mit der *Industrialisierung* Deutschlands einhergehenden, bemerkenswerten wirtschaftlichen Aufstieg vor Augen führt, befasst sich die rechte Seite mit der *sozialen Frage*. Der einleitende Text M8 zur ökonomischen Entwicklung wird durch zwei Statistiken (M9) ergänzt. Die Schüler*innen setzen die beiden Materialien in Bezug zueinander und üben die

Umsetzung statistischer Rohdaten in Grafiken. Die Schattenseite der Industrialisierung lernen Sie anhand der für Arbeiter*innen typischen Wohnverhältnisse kennen (M10, M11), was zu den Forderungen der politischen Arbeiterbewegung (M12) überleitet. Das Thema bietet authentische Anlässe für Aufgaben aus dem Anforderungsbereich III.

Dem *Modul 4*, der *außenpolitischen Orientierung* des Deutschen Reiches, ist mit der Gegenüberstellung der Ansätze *Bismarcks* (linke Seite) und *Wilhelms II.* (rechte Seite) die Kontrastierung inhärent. Die Schüler*innen rezipieren anhand der Quellenauszüge M13 und M14 Bismarcks defensive, am Status quo orientierte Doktrin und setzen sie in Bezug zur Karikatur M15. Die Abwendung von dieser Politik durch Wilhelm II. macht M16 deutlich. Dessen Drang zur Weltpolitik findet in der Bildquelle M17 seinen prägnanten Niederschlag. Alternativ zur schrittweisen Erarbeitung können die beiden Seiten mit leistungsstarken Lerngruppen auch arbeitsteilig erschlossen und präsentiert werden.

Modul 5 fokussiert zwei unterschiedliche, ex negativo aber verwandte Themenbereiche. Die linke Seite knüpft mit der deutschen *Kolonialpolitik* an Modul 4 an. In M18 findet die Forderung nach einem deutschen „Platz an der Sonne" eine engagierte Begründung, die von der Opposition allerdings fundamental in Abrede gestellt wurde (M19). Mit dem latent aggressiven Charakter des Kolonialismus kontrastiert die im Kaiserreich aufkommende *Friedensbewegung* (rechte Seite). M20 und M21 stellen deren Motive und Ziele vor, während M22 eine dezidierte Gegenposition absteckt. Auch bei diesem Modul ist ein arbeitsteiliges Vorgehen möglich.

Modul 6 hat den *Militarismus* des Kaiserreichs zum Thema. Der Quellenauszug M23 präsentiert den Offizier als soziale Leitrolle, die für traditionelle Werte wie Patriotismus und Königstreue steht. Die Ausstrahlung militärischer Mentalitäten in die Gesellschaft hinein ist auch Gegenstand der Karikatur M24. Die rechte Seite ist der Kritik an dieser Wertehaltung gewidmet. M25 beklagt die Überformung der Zivilgesellschaft durch den Militarismus, und die Anleitung für Schulunterricht im Kasernenhof-Drill (M26) muss auf heutige Schüler*innen geradezu grotesk wirken. M27 expliziert und vertieft die Kritik am autoritären Schulwesen der Kaiserzeit.

Der in der Wilhelminischen Epoche aufkommenden *Lebensreformbewegung* spürt *Modul 7* nach. Der Kontextualisierung dieses diffusen Phänomens dient der einleitende Text M28, die durch die Bildquelle M29 ergänzt wird. Für die Erschließung der drei Materialien auf der rechten Seite bietet sich Partner- oder Kleingruppenarbeit an. Sie thematisieren die Aspekte Jugendbewegung (M30), Reformpädagogik (M31) und Lebensreform (M32).

Modul 8: Antisemitismus im Kaiserreich. Mithilfe von M33 und M34 lernen die Schüler*innen die zeittypischen Vorbehalte und Klagen gegen jüdische Mitbürger*innen kennen. Deren Niederschlag findet sich exemplarisch in M35, einer der damals beliebten antijüdischen „Ulk"-Postkarten. Auf der rechten Seite wechselt die Perspektive: Wie reagierten Jüdinnen und Juden auf die Ressentiments, mit denen sie sich konfrontiert sahen? Das Ego-Dokument M36 spiegelt in einer für die Lernenden gut nachzuempfindenden Form die Verletzung und Beklemmung wider, die viele Betroffene empfanden. Einige solidarisierten und organisierten sich angesichts der unberechtigten Vorwürfe gegen sie (M37). Wieder andere wandten der feindseligen christlichen Mehrheitsgesellschaft enttäuscht und desillusioniert den Rücken (M38).

Modul 9 fokussiert die *Frauenbewegung* im Kaiserreich. Auf der linken Seite werden die Positionen der bürgerlichen (M39) sowie der proletarischen (M40) Frauenbewegung präsentiert, was zu einem Vergleich durch die Schüler*innen einlädt. Die rechte Seite befasst sich mit der zeitgenössischen Kritik an der Bewegung. Während M41 die „wahre" Rolle der Frau in der Gesellschaft auf humoristische Weise illustriert, spricht aus M42 ein befremdetes Kopfschütteln. Auch in diesem Modul sollte am Ende der Gegenwartstransfer nicht fehlen.

Der Gegenstand von *Modul 10* ist die *Erinnerungskultur*. Als Fallbeispiel dient das monumentale Bismarck-Denkmal in Hamburg. An ihm können nicht nur zeittypische Aspekte der Memorialkultur untersucht werden. Es bietet darüber hinaus Gelegenheit, den aktuellen Umgang mit politisch „nicht korrekten" Denkmälern zu thematisieren. Auf der linken Seite wird das Monument in Bild und erläuterndem Text vorgestellt (M43). Mithilfe von M44 kann es in die spezifische Denkmaltradition des Kaiserreichs eingeordnet werden. Angesichts der Sanierungsbedürftigkeit des Bauwerks vor wenigen Jahren wurden verschiedene Handlungsoptionen in der Hamburger Bürger*innenschaft intensiv diskutiert (vgl. M45): einfache Renovierung, Neukontextualisierung oder gar Abriss? Die Schüler*innen setzen sich mit der Streitfrage kontrovers auseinander und entwickeln eine eigene Position.

Die letzten beiden Module richten sich wegen ihres relativ hohen Grades an Differenzierung und Abstraktion vornehmlich an Schüler*innen der Sekundarstufe II.

Modul 11 befasst sich mit dem Ausbruch des *Ersten Weltkriegs*. Eine Bildquelle (M46) und zwei kurze Textauszüge aus der jüngeren Literatur (M47) konfrontieren die Lernenden mit sehr unterschiedlichen Antworten auf die in der Forschung weiterhin umstrittene Frage nach der Verantwortung.

Abschließend soll mit *Modul 12* die in der Forschung gerade sehr kontroverse Frage nach der *Modernität* des Kaiserreichs behandelt werden. Hedwig Richter (geb. 1973/M48) und Eckhard Conze (geb. 1963/M49) markieren in pointierter Form die widerstreitenden Positionen. Auch zu dieser Streitfrage sollen die Schüler*innen im Anschluss an die Auseinandersetzung mit den dargebotenen Argumenten und Interpretationen vor dem Hintergrund der behandelten Module eine eigene Stellungnahme entwickeln.

M5 Auf einem Gutshof im preußischen Pommern

Aus der Autobiografie des Arbeiterschriftstellers Franz Rehbein (1867–1909), 1911:

Übrigens gab es ja auch in der näheren Umgebung unseres Ortes eine ganz Anzahl adeliger Gutsherren, die an den letzten Feldzügen teilgenommen hatten, als Herr Leutnant, Herr Hauptmann, Herr Rittmeister, Herr Major oder auch als Herr Oberst. Häufig kamen diese Herren nach unserem Städtchen, jeder Zoll ein Edelmann. Im Sommer hoch zu Ross oder per Wagen, im Winter in eleganten Schlitten, in prächtige Pelze gehüllt, oft genug „viere lang" mit zwei Vorreitern, Kutscher und Diener in reicher Livree[1].

Honoratioren[2] und Geschäftsleute standen dann nicht selten in ihren Haustüren und machten Bücklinge und Kratzfüße[3], und mancher zünftige Spießbürger rechnete es sich zur hohen Ehre an, wenn er das Glück hatte, derartig vornehme Herrschaften grüßen zu dürfen und gar – wieder gegrüßt zu werden. Die Herrschaften schienen diese ehrerbietigen Grüße der Einwohner als etwas ganz Selbstverständliches zu betrachten, denn meistens erwiderten sie jene Devotionen[4] nur mit einem leichten, flüchtigen Kopfnicken; selten lüfteten sie die eigene herrschaftliche Kopfbedeckung.

Franz Rehbein: Das Leben eines Landarbeiters. Erstdruck Jena 1911. Neuausgabe Berlin 2018, S. 12

[1] uniformähnliche Bekleidung der Dienerschaft
[2] Bürger, der aufgrund seines sozialen Status besonderes Ansehen genießt
[3] Verbeugung (einer männlichen Person), bei der ein Fuß leicht scharrend in weitem Bogen hinter den anderen gezogen wird
[4] Unterwürfigkeit, Demut

M6 In einer preußischen Provinzhauptstadt

Der vielgelesene Studentenroman „Der krasse Fuchs" von Walter Bloem (1868–1951) spielt in Marburg. Im folgenden Textauszug stellt der Erzähler die Sozialstruktur der Stadt vor.

Marburgs Bürgerschaft gliederte sich in zwei Kasten: in die Gesellschaft und in das, was nicht zur Gesellschaft gehörte. Ob der einzelne Mensch, die einzelne Familie in die eine oder die andere Klasse zu rechnen sei, darüber entschied ein sehr einfaches Unterscheidungsmerkmal: Die Mitglieder des Vereins „Museum" bildeten die Gesellschaft; wer diesem Kreise nicht angehörte, war ein unqualifiziertes Lebewesen. Die Mitglieder der Behörden, der Universität, der städtischen Verwaltungskörperschaften, das Offizierskorps des Jägerbataillons, ferner auch sämtliche private Akademiker und die wohlhabenden Kaufleute gehörten dem Verein an. Die Studenten konnten um ein Geringes die außerordentliche Mitgliedschaft erwerben, und so waren die Angehörigen der Korps, Burschenschaften, Landmannschaften, akademischen Turnvereine ohne Ausnahme museumsberechtigt.

Walter Bloem: Der krasse Fuchs. Berlin 1906, S. 73

M7 Missachtung der Klassenschranken

Lily Braun (1865–1916), geboren als Amelia von Kretschmann, war die Tochter eines preußischen Offiziers. Nach der Trennung von ihrem sozialen Milieu betätigte sie sich als sozialdemokratische Politikerin, Schriftstellerin und Frauenrechtlerin. In ihrer Autobiografie zitiert sie aus dem Brief ihrer Mutter, nachdem sie dieser 1895 mitgeteilt hatte, dass sie der SPD beigetreten war.

Was ich immer schon fürchtete, als ich mit anhören musste, wie Dein verstorbener Mann und Du unseren Herrn und Heiland verleugnetet, und in Euren „Ethischen Blättern" las, wie Ihr immer wieder für die Umsturzpartei eintratet, das ist jetzt geschehen. [...] Kühl und geschäftsmäßig, als handle es sich um den Plan eines Spazierganges, teilst Du uns mit, dass Du Deine Redaktionsstellungen aufgegeben hast, um Dich ganz und gar der Sozialdemokratie in die Arme zu werfen. Deine große Verirrung, Dein Unglaube haben Dich, wie es scheint, für alles, was Pflicht, Gehorsam, Liebe und Rücksicht heißt, blind und taub gemacht, sonst müsstest Du wissen, dass Du mit einem solchen Schritt Deinem ganzen bisherigen Verhalten Deinen Eltern, Deiner Familie gegenüber die Krone aufsetzest. Dieser Partei, die alles besudelt und mit Füßen tritt, was uns heilig ist: Gott und Christentum, Familie, Ehe, Monarchie und Militär, sollen wir unser Kind überlassen? Es wäre in dem Augenblick für uns gestorben!

Lily Braun: Memoiren einer Sozialistin. Lehrjahre und Kampfesjahre. Erstdruck München 1909. Neuausgabe Berlin 2015

M8 Das Deutsche Reich – ein ökonomischer „Shooting Star“

Im Jahr des Kriegsausbruchs 1914 bemerkte ein französischer Beobachter der deutschen Verhältnisse: „Das arme Deutschland, das 1870 auf der ökonomischen Landkarte kaum mehr als ein weißer Fleck war, ist in kaum mehr als 40 Jahren zu einer der großen Weltmächte aufgestiegen.“ Tatsächlich konnte das deutsche Kaiserreich am Vorabend des Ersten Weltkriegs, was seine wirtschaftliche Leistungsfähigkeit anging, auf eine imponierende Erfolgsgeschichte zurückblicken. In den vier Jahrzehnten seit der Reichsgründung von 1871 hatte es sich zum dynamischsten Industriestaat Europas entwickelt. [...]

Bei der Förderung von Steinkohle und der Erzeugung von Stahl und Eisen war England, das Mutterland der Industriellen Revolution, vom ersten Platz verdrängt worden. Aber auch in den „neuen Industrien“, der Elektrotechnik und der Chemieindustrie, aus denen die Wachstumsdynamik ihre stärksten Impulse bezog, waren deutsche Unternehmen führend auf den Weltmärkten tätig, bei einigen Produkten, etwa bei synthetischen Farbstoffen und Pharmazeutika, hatten sie sich sogar eine monopolähnliche Stellung erobert. [...]

Wie immer in kapitalistischen Industriewirtschaften verlief der Aufschwung nicht geradlinig, sondern in Zyklen. [...] Doch seit Mitte der 1890er Jahre setzte eine beispiellose Hochkonjunktur ein, die, von zwei kurzen Unterbrechungen (1900/01 und 1907/08) abgesehen, bis zum Ersten Weltkrieg anhielt. In der Erinnerung vieler Zeitgenossen lebte diese Phase einer Dauerprosperität fort als ein „goldenes Zeitalter“, in dem scheinbar nichts mehr den Aufstieg Deutschlands an die Spitze der Industrienationen bremsen konnte.

Volker Ullrich: Deutsches Kaiserreich. Frankfurt/M. 2006, S. 3 f.

M9 Statistische Daten

Nettosozialprodukt[1] in Deutschland:

	1780	1800	1825	1850	1875	1900	1914
insgesamt (in Milliarden Mark)	5,0	5,7	7,3	9,4	17,7	33,2	49,0
pro Kopf der Bevölkerung (in Mark)	240	250	260	265	427	593	728

[1] gesamte Wertschöpfung einer Volkswirtschaft

Roheisenproduktion ausgewählter Länder (in 1000 Tonnen):

	1870–74	1875–79	1880–84	1885–89	1890–94	1895–99	1900–04	1905–09	1910–13
Großbritannien	6.480	6.484	8.295	7.784	7.402	8.777	8.778	9.855	9.792
Deutschland	1.579	1.770	2.893	3.541	4.335	5.974	7.925	10.666	14.836
Frankreich	1.211	1.462	1.918	1.626	1.998	2.386	2.665	3.391	4.664

Dirk Hoffmann (u.a.) (Hg.): Industrialisierung, Sozialer Wandel, Soziale Frage. München 1988, S. 46 f.

1. Charakterisiert die wirtschaftliche Entwicklung des Deutschen Reiches (M8).
2. Wandelt die statistischen Daten von M9 in eine Grafik mit x- und y-Achse um.
3. Setzt diese Daten in Bezug zu M8.
4. Beschreibt die Wohnverhältnisse einer typischen deutschen Arbeiterfamilie im Kaiserreich (M10, M11).
5. Verfasst einen fiktiven Kommentar der Mutter in M11 zur Überschrift von M8.
6. Fasst die Forderungen der SDAP (M12) zusammen. Beurteilt ihre Tragweite für das politische und gesellschaftliche System des Kaiserreichs.

copy

M10 Wohnverhältnisse der Arbeiterschaft in einem Industriebezirk, 1908

Industriearbeiter erhielten trotz langer Arbeitszeiten nur sehr geringe Löhne. Die daraus resultierenden Lebensumstände beschreibt ein Augenzeuge für den rheinisch-westfälischen Industriebezirk.

Wir betreten eine der berüchtigten Mietskasernen, welche im hiesigen Industriegebiet in so großer Anzahl vorhanden sind und noch täglich allerorts wie Pilze aus der Erde hervorschießen [...]. Das ganze Haus besteht durchweg aus Abteilungen von 2–3 Zimmern, für je eine Familie bestimmt. Ein pestilenzartiger Geruch strömt uns entgegen, wenn wir die langen, dunklen und feuchten Korridore, die die einzelnen Wohnabteile auf jeder Etage verbinden und in welchen Licht und Luft sehr seltene Erscheinungen sind, betreten. Überall strotzt es von Unrat und Unsauberkeit. Ein Armeleutegeruch in des Wortes verwegenster Bedeutung. Fast 40–50 % aller Arbeiterwohnungen bestehen aus 2 Zimmern, werden bewohnt von Familien, die 6–10 Köpfe stark sind, und zum Überfluss noch 2–3 Kostgänger[1] beherbergen. In gesundheitlicher Beziehung jeder Beschreibung spottend, wie den elenden, krankhaft aussehenden Insassen unschwer anzusehen ist. [...] In einem Schlafraume, mit zwei Bettstellen ausgestattet, der nie gelüftet, noch seltener gereinigt wird und dessen Bettzeug daher einem Haufen stinkender Lumpen ähnlich ist, kampieren oft bis 10 Personen, vier Kinder in einem Bette, zwei am Kopf und zwei am Fußende, ohne Rücksicht auf Alter und Geschlecht.

Aus: Hermann de Buhr, Michael Regenbrecht (Hg.): Industrielle Revolution und Industriegesellschaft. Berlin ³1992, S. 46

[1] männliche Person, die bei jemandem zur Untermiete wohnt und regelmäßig gegen Bezahlung isst

M11 Eine Berliner Arbeiterwohnung, 1907

M12 Aus dem Eisenacher Programm der Sozialdemokratischen Arbeiterpartei, 1869

Zur politischen Interessenvertretung der Arbeiterschaft bildeten sich in den 1860er Jahre zwei Arbeiterparteien, aus denen später die SPD hervorging. Aus den Forderungen der SDAP:

1. Die heutigen politischen und sozialen Zustände sind im höchsten Grade ungerecht und daher mit der größten Energie zu bekämpfen. [...]
2. Die ökonomische Abhängigkeit des Arbeiters von dem Kapitalisten bildet die Grundlage der Knechtschaft in jeder Form, und es erstrebt deshalb die sozialdemokratische Partei unter Abschaffung der jetzigen Produktionsweise (Lohnsystem) durch genossenschaftliche Arbeit den vollen Arbeitsertrag für jeden Arbeiter.
3. Die politische Freiheit ist die unentbehrliche Vorbedingung zur ökonomischen Befreiung der arbeitenden Klassen. Die soziale Frage ist mithin untrennbar von der politischen, ihre Lösung durch diese bedingt und nur möglich im demokratischen Staat.

Demokratisches Wochenblatt, Nr.33, 14.8.1869

M13 Aus dem „Kissinger Diktat", 15. Juni 1877

Auf Kur in Bad Kissingen, diktierte Bismarck seinem Sohn Herbert Leitgedanken seiner Außenpolitik:

Ein französisches Blatt sagte neulich von mir, ich hätte „le cauchemar des coalitions"[1]; diese Art Alp wird für einen deutschen Minister noch lange, und vielleicht immer, ein sehr berechtigter bleiben. Koalitionen gegen uns können auf westmächtlicher Basis mit Zutritt Österreichs sich bilden, gefährlicher vielleicht noch auf russisch-österreichisch-französischer; eine große Intimität zwischen zweien der drei letztgenannten Mächte würde der dritten unter ihnen jederzeit das Mittel zu einem sehr empfindlichen Drucke auf uns bieten. [...]

Wenn ich arbeitsfähig wäre, könnte ich das Bild vervollständigen und feiner ausarbeiten, welches mir vorschwebt: nicht das irgendeines Ländererwerbes, sondern das einer politischen Gesamtsituation, in welcher alle Mächte außer Frankreich unser bedürfen und von Koalitionen gegen uns durch ihre Beziehungen zueinander nach Möglichkeit abgehalten werden.

Aus: Michael Stürmer (Hg.): Bismarck und die preußisch-deutsche Politik 1871–1890. München [2]1973, Nr. 40, S. 100 f.

[1] deutsch: Alptraum der Bündnisse

M14 Bismarck vor dem Reichstag, 11. Januar 1887

Anlässlich einer Debatte über die Vergrößerung des Heeres äußerte der Reichskanzler:

Wir haben keine kriegerischen Bedürfnisse, wir gehören zu den – was der alte Fürst Metternich[1] nannte: saturierten[2] Staaten, wir haben keine Bedürfnisse, die wir durch das Schwert erkämpfen könnten; und außerdem, wenn das der Fall wäre, so blicken sie doch auf die friedliebende Tätigkeit – und ich sage das ebenso gut nach dem Auslande wie hier zu dem Reichstage – der Kaiserlichen Politik in den letzten sechzehn Jahren. [...]

Reichstagsprotokolle: https://www.reichstagsprotokolle.de/Blatt3_k6_bsb00018465_00352.html; https://www.reichstagsprotokolle.de/Blatt3_k6_bsb00018465_00355.html

[1] Klemens von Metternich (1773–1859) war ein österreichischer Staatsmann und maßgeblicher europäischer Politiker in der Epoche der Vormärz

[2] satt (im metaphorischen Sinne)

M15 „Verantwortlicher Posten", Karikatur von 1887

„Europas Central-Weichensteller", Kladderadatsch 1887, S. 434 (Universität Heidelberg)

M16 Aus einer Ansprache Kaiser Wilhelms II., 3. Juli 1900

Im Sommer 1900 taufte Prinz Rupprecht von Bayern in Wilhelmshaven das neue Linienschiff „Wittelsbach". Der Kaiser hielt dabei folgende Rede:

Eure Königliche Hoheit haben in diesen Tagen Gelegenheit gehabt, wichtigen Entschlüssen beizuwohnen und der Zeuge historischer Augenblicke zu sein, die einen Markstein in der Geschichte unseres Volkes bedeuten. Eure Königliche Hoheit haben sich dabei überzeugen können, wie mächtig der Wellenschlag des Ozeans an unseres Volkes Tore klopft und es zwingt, als ein großes Volk seinen Platz in der Welt zu behaupten, mit einem Wort: zur Weltpolitik!

Der Ozean ist unentbehrlich für Deutschlands Größe. Aber der Ozean beweist auch, dass auf ihm in der Ferne, jenseits von ihm, ohne Deutschland und ohne den Deutschen Kaiser keine große Entscheidung mehr fallen darf!

Ich bin nicht der Meinung, dass unser deutsches Volk vor dreißig Jahren unter der Führung seiner Fürsten gesiegt und geblutet hat, um sich bei großen auswärtigen Entscheidungen beiseiteschieben zu lassen. Geschähe das, so wäre es ein für alle Mal mit der Weltmachtstellung des deutschen Volkes vorbei, und Ich bin nicht gewillt, es dazu kommen zu lassen. Hierfür die geeigneten und, wenn es sein muss, auch die schärfsten Mittel rücksichtslos anzuwenden, ist Meine Pflicht nicht nur, Mein schönstes Vorrecht. Ich bin überzeugt, dass Ich hierbei Deutschlands Fürsten und das gesamte Volk fest geschlossen hinter Mir habe.

Aus: Ernst Johann (Hg.): Reden des Kaisers. Ansprachen, Predigten und Trinksprüche Wilhelms II. München 1966, Nr. 33, S. 88 f.

M17 Der „Flottenhunderter", 1908

Dem Bildmotiv der Banknote liegt ein persönlicher Entwurf Wilhelms II. zugrunde.

Privatarchiv M. Brabänder

1. Fasst die Leitlinien von Bismarcks Außenpolitik und ihre Motive zusammen (M13, M14).
2. Interpretiert die Karikatur M15 vor dem Hintergrund von M13 und M14.
3. Recherchiert anhand weiterführender Literatur, auf welche Schwierigkeiten Bismarcks Bündnispolitik stieß.
4. Gebt die außenpolitische Grundposition Kaiser Wilhelms II. wieder (M16) und stellt sie derjenigen Bismarcks (M13, M14) gegenüber.
5. Interpretiert das Bildmotiv des Geldscheins (M17) und setzt es in Bezug zu M16.
6. Erörtert Risiken und Gefahren des neuen außenpolitischen Kurses.

M18 Außen-Staatssekretär Bernhard von Bülow: Deutschlands Platz an der Sonne, 1897

Bülow war 1897–1900 Staatssekretär des Auswärtigen Amtes und danach bis 1909 Reichskanzler. Er hielt die vorliegende Rede am 6. Dezember 1897 im Rahmen einer Reichstagsdebatte um deutschen Kolonialerwerb in China.

Der Herr Reichskanzler ist nicht der Mann, und seine Mitarbeiter sind nicht die Leute, irgend unnütze Händel[1] zu suchen. Wir empfinden auch durchaus nicht das Bedürfnis, unsere Finger in jeden Topf zu stecken. Aber allerdings sind wir der Ansicht, dass es sich nicht empfiehlt, Deutschland in zukunftsreichen Ländern von vornherein auszuschließen vom Mitbewerb anderer Völker. Die Zeiten, wo der Deutsche dem einen seiner Nachbarn die Erde überließ, dem anderen das Meer und sich selbst den Himmel reserviert, so die reine Doktrin[2] thront – diese Zeiten sind vorüber. Wir betrachten es als eine unserer vornehmsten Aufgaben, gerade in Ostasien die Interessen unserer Schifffahrt, unseres Handels und unserer Industrie zu fördern und zu pflegen. [...]

Wir müssen verlangen, dass der deutsche Missionar und der deutsche Unternehmer, die deutschen Waren, die deutsche Flagge und das deutsche Schiff in China geradeso geachtet werden, wie diejenigen anderer Mächte. Wir sind endlich gern bereit, in Ostasien den Interessen andere Großmächte Rechnung zu tragen, in der sicheren Voraussicht, dass unsere eigenen Interessen gleichfalls die ihnen gebührende Würdigung finden. Mit einem Worte: Wir wollen niemand in den Schatten stellen, aber wir verlangen auch unseren Platz an der Sonne. In Ostasien wie in Westindien werden wir bestrebt sein, getreu den Überlieferungen der deutschen Politik, ohne unnötige Schärfe, aber auch ohne Schwäche unsere Rechte und unsere Interessen zu wahren.

Reichstagsprotokolle: https://www.reichstagsprotokolle.de/Blatt_k9_bsb00002771_00000.html

[1] Streit

[2] politische Vorstellung

M19 August Bebel (SPD): Gegen die Kolonialpolitik, 1889

Der SPD-Vorsitzende Bebel äußerte sich 1889 vor dem Reichstag zu der Frage, ob die private Deutsch-Ostafrikanische Gesellschaft gegen einen Aufstand der indigenen Bevölkerung vom Staat unterstützt werden soll.

Im Grunde genommen ist das Wesen aller Kolonialpolitik die Ausbeutung einer fremden Bevölkerung in der höchsten Potenz. Wo immer wir die Geschichte der Kolonialpolitik in den letzten drei Jahrhunderten aufschlagen, überallbegegnen wir Gewalttätigkeiten und der Unterdrückung der betreffenden Völkerschaften, die nicht selten schließlich mit deren vollständiger Ausrottung endet. Und das treibende Motiv ist immer, Gold, Gold und wieder nur Gold zu erwerben. Und um die Ausbeutung der afrikanischen Bevölkerung im vollen Umfange und möglichst ungestört betreiben zu können, sollen aus den Taschen des Reiches, aus den Taschen der Steuerzahler Millionen verwendet werden, soll die Ostafrikanische Gesellschaft mit den Mitteln des Reiches unterstützt werden, damit ihr das Ausbeutergeschäft gesichert wird. Dass wir von unserem Standpunkt aus als Gegner jeder Unterdrückung nicht die Hand dazu bieten, werden Sie begreifen. [...]

Ich habe [...] die Überzeugung, das wesentliche Kolonisation- und Zivilisationsmittel, das in allen Kolonien angewendet wird, die Masseneinfuhr von Branntwein, ist ganz wesentlich darauf gerichtet, die widerspenstige und opponierende Bevölkerung dadurch unterzubringen, dass man sie an den reichlichen Genuss des Branntweins gewöhnt, dass man sie dadurch degeneriert und korrumpiert und schließlich auf diese Weise vollständig in die Gewalt bekommt.

Reichstagsprotokolle: https://www.reichstagsprotokolle.de/Blatt3_k7_bsb00018653_00674.html; https://www.reichstagsprotokolle.de/Blatt3_k7_bsb00018653_00675.html

1. Gebt wieder, wie der Staatssekretär seine Forderung nach einer aktiven deutschen Kolonialpolitik begründet (M18).
2. Recherchiert im Internet, welche Kolonien das Deutsche Reich vor dem Ersten Weltkrieg hatte.
3. Fasst Bebels Argumente gegen den Erwerb von Kolonien zusammen (M19).
4. Nehmt Stellung zu den Positionen von M18 und M19.
5. Fasst die Position von Bertha von Suttners Ehemann (M20) und die Vorschläge der Friedensgesellschaft (M22) zusammen.
6. Nennt Moltkes Argumente gegen den ewigen Frieden (M22).
7. Verfasst einen fiktiven Brief eines Mitglieds der Friedensgesellschaft (M21) an Moltke.

M20 Bertha von Suttner: „Die Waffen nieder!", 1889

Der Roman „Die Waffen nieder!" der österreichischen Autorin und Friedensaktivistin Bertha von Suttner (1843–1914) prägte die deutsche Friedensbewegung nachhaltig. Der folgende Auszug gibt ein Gespräch mit ihrem Ehemann Friedrich, der am preußisch-österreichischen Krieg von 1866 teilgenommen hatte.

Friedrich führte im Sinn, der Idee der Friedensliga[1] nach Kräften die Wege zu ebnen [...]. „Das Kriegshandwerk habe ich niedergelegt," sagte er, „und zwar habe ich das aus einer im Kriege selber gewonnenen Überzeugung getan. Für diese Überzeugung nun will ich wirken. Ich trete in den Dienst der Friedensarmee. Freilich noch ein ganz kleines Heer, dessen Streiter keine andere Wehr und Waffen haben als den Rechtsgedanken und die Menschenliebe. Doch alles, was in der Folge groß geworden, hat klein und unscheinbar begonnen."

„Ach," seufzte ich dagegen, „es ist ein hoffnungsloses Beginnen. Was willst du – Einzelner – erreichen, gegen jenes mächtige, jahrtausendalte, von Millionen Menschen verteidigte Bollwerk?"

„Erreichen? Ich? [...] Der Einzelne kann nur dienen. Mehr noch; er muss dienen. Wer von einer Sache durchglüht ist, der kann nicht anders als für sie wirken [...]. Er dient, weil er muss: Nicht nur der Staat – auch die eigene Überzeugung, wenn sie begeistert ist, legt eine Wehrpflicht auf."

„Du hast recht. Und wenn endlich Millionen Begeisterter dieser Wehrpflicht genügen, dann muss jenes von seinen Verteidigern verlassene, jahrtausendalte Bollwerk auch zusammenfallen."

Bertha von Suttner: Die Waffen nieder! Dresden 1889

[1] eine im Mai 1867 gegründete, nichtstaatliche Friedensorganisation

M21 Programm der Deutschen Friedensgesellschaft, 1897 (Auszug)

Trotz des verbreiteten Militarismus (vgl. Modul 6) entstand im Kaiserreich eine hauptsächlich bürgerlich geprägte Friedensbewegung. Ihre wichtigste Organisation, die 1892 gegründete Deutsche Friedensgesellschaft, hatte beim Ausbruch des Ersten Weltkriegs ca. 10.000 Mitglieder.

I. Der Krieg steht im Widerspruch mit der heutigen Kulturstufe zivilisierter Nationen. Seine Beseitigung ist vom Standpunkte der Religion, der Sittlichkeit und der Volkswohlfahrt gleichmäßig geboten. Der Krieg ist nicht einmal ein notwendiges Übel, da internationale Streitigkeiten erfahrungsgemäß auf friedlichem Wege gerechter und dauernder beigelegt werden können. Daher gebietet nicht nur die allgemein menschliche, sondern auch im höchsten Grade die patriotische Pflicht, zur Verhütung des Krieges mit seine unabsehbaren Folgen alle Kraft einzusetzen.

II. Eine seiner Hauptwurzeln hat der Krieg in den [vom] Fremdenhass stammenden Vorurteilen und Leidenschaften. In Wahrheit aber bilden die verschiedenen Nationen nicht feindliche Gegensätze, sondern einander ergänzende und fördernde Glieder der Gesamt-Menschheit, ihrer wirklichen und dauernden Interessen sind demnach solidarisch. [...]

III. Mit der friedlichen Gesinnung zugleich sind Friedensinstitutionen anzubahnen, deren Ziel es ist, auch in dem Verhältnis zwischen den Nationen an Stelle der Gewalt das Recht zu setzen.

Aus: Klaus Bergmann/Gerhard Schneider (Hg.): Gegen den Krieg. Dokumente und Materialien. Bd.2, Düsseldorf 1982, S. 210 f.

M22 Generalfeldmarschall Hellmuth von Moltke zum ewigen Frieden

Der gefeierte preußische Held der Einigungskriege schreibt in einem Brief vom Dezember 1880: Der ewige Frieden ist ein Traum, und nicht einmal ein schöner, und der Krieg ein Glied in Gottes Weltordnung. In ihm entfalten sich die edelsten Tugenden des Menschen, Muth und Entsagung, Pflichttreue und Opferwilligkeit mit Einsetzung des Lebens. Ohne den Krieg würde die Welt in Materialismus versumpfen.

Im Februar 1881 nimmt er zu einer pazifistischen Flugschrift Stellung: Sie erklären den Krieg bedingungslos für ein Verbrechen; wenn auch ein in Versen besungenes, ich halte ihn für ein letztes, aber vollkommen gerechtfertigtes Mittel, das Bestehen, die Unabhängigkeit und die Ehre eines Staates zu behaupten. Hoffentlich wird dies letzte Mittel bei fortschreitender Kultur immer seltener in Anwendung kommen, aber ganz darauf verzichten kann kein Staat. Ist doch das Leben der Menschen, ja der ganzen Natur ein Kampf des Werdenden gegen das Bestehende, und nicht anders gestaltet sich das Leben der Völkereinheiten.

Aus: Gesammelte Schriften und Denkwürdigkeiten des Generalfeldmarschalls Grafen Helmuth von Moltke, Bd. 5, Berlin 1892, S. 194, 200

M23 Aus dem Militär-Wochenblatt, Juli/August 1889

Der Stolz jedes Deutschen ist die Armee, die Blüte des Volkes. Deutschlands Heer – Deutschlands Ehr! Der ausgezeichnetste Teil aber, die Elite des Heeres, ist das Offizierskorps. [...]

Wenn der Offiziersberuf jetzt nicht mehr wie früher das Monopol des Adels ist, so dürfen doch nur Ebenbürtige, nur Ritter vom Geiste und Kavaliere von Erziehung und Gesinnung Mitglieder und Genossen dieses bevorzugten Standes sein. Der Waffenadel muss dem Geburtsadel gleichstehen. [...]

Der junge Offizier aus bürgerlicher Familie bekundet durch Wahl des Offiziersberufes, dass er nach Erziehung und Anschauung sich zur Aristokratie des Geistes und der Gesinnung rechnet, welche den Offizier beseelen muss; dass er der modernen Ritterschaft angehören will, die Se. Majestät von Seinen Offizieren verlangt. [...]

Die dem Urgedanken des Offizierstandes entstammenden Gesinnungen sind: dynastischer Sinn, unbedingte Treue gegen die Person des Monarchen, erhöhter Patriotismus, Erhaltung des Bestehenden, Verteidigung der seinem Schutze anvertrauten Rechte seines Königs und Bekämpfung vaterlandsloser, königsfeindlicher Gesinnung etc.

Aus: Gerhard Ritter (Hg.): Das Deutsche Kaiserreich 1871–1914. Ein historisches Lesebuch. Göttingen [4]1981, S. 92–94

M24 Abschied vom Militärdienst

Karikatur aus der Satire-Zeitschrift „Simplicissimus":

„Abschied ... und dann müsst ihr bedenken, als Zivilisten seid ihr hergekommen, und als Menschen geht hier fort" Zeichnung: Olaf Gulbransson, Simplicissimus, Heft 24,1910, S. 403

1. Tragt zusammen, welche Einstellungen und Verhaltensweisen laut M23 einen deutschen Offizier kennzeichnen.
2. Interpretiert die Karikatur M24 und erläutert die Bildunterschrift.
3. Gebt die Kritik Wasserburgs an den gesellschaftlichen Verhältnissen des Kaiserreichs wieder (M25).
4. Verfasst eine fiktive Erwiderung auf Wasserbugs Thesen (M25) aus der Sicht des Offiziers in M24.
5. Erklärt den Zweck der Anweisungen in M26.
6. Erläutert die Feststellung in M27: „Der Schulmeister und der Offizier ergänzen sich gegenseitig."

M25 Staatsbürger oder Soldat?, 1874

Der Publizist und Politiker Philipp Wasserburg (1827–1897) beschreibt die Folgen des vorherrschenden Militarismus für das Selbstverständnis der Bürger.

Was ist ein Militärstaat? Die Antwort darauf ist so kurz als die Frage selbst. Ein Militärstaat ist ein solcher, in welchem das Volk wegen des Militärs da ist. Der Bürger hört auf, sich als denjenigen zu betrachten, um deswillen der Staat überhaupt existiert. Seine Erziehung ist darauf berechnet, ihn zu einem guten Soldaten zu machen. Schon in der Schule wird der Gedanke in ihm gepflegt an kriegerische Taten und an kriegerische Erfolge. Das Bürgertum tritt zurück, und sein Souverän[1] erscheint ihm viel weniger als der Träger des Nationalwillens, als der Schützer des Rechtes, als der Beförderer der Wohlfahrt denn als der Held der Schlachten, der Erringer der Siege, der Gewaltige der Waffen. Mit diesem Gedanken wächst der Knabe groß. Sein Vater ist Soldat, der Meister, zu dem er in die Lehre kommt, ist Soldat, seine Freunde sind Soldaten. So erwacht und stärkt sich in ihm der kriegerische Geist, und sein Beruf ist es doch, Frieden zu halten. Das Bewusstsein seines bürgerlichen Rechtes tritt in ihm zurück, und wenn erst der Rock[2] des Königs um seine Schultern hängt, dann meint er, sei er am Ziele seiner Bestimmung angekommen. Es kann aber nichts Gefährlicheres geben, als die einzelnen Menschen oder die ganze Nation ihrer Bestimmung zu entfremden.

Aus: Leo Haupts (Hg.): Das kaiserliche Deutschland. Wirtschaft, Gesellschaft, politisches System. Stuttgart 1985, Nr. 67, S. 79

[1] Träger der Staatsgewalt

[2] gemeint ist die Uniform

M26 Anweisungen eines Schulrats für Lehrer, 1903

Der Publizist und Politiker Philipp Wasserburg (1827–1897) beschreibt die Folgen des vorherrschenden Militarismus für das Selbstverständnis der Bürger.

Damit jede Störung des Unterrichts unmöglich gemacht werde, hat der Lehrer [...] darauf zu halten: a) dass alle Schüler [...] gerade [...] und in Reihen hintereinander sitzen [...] b) dass jedes Kind seine Hände geschlossen auf die Schultafel legt [...] c) dass die Füße parallel nebeneinander auf den Boden gestellt werden [...] [Zur Heraufnahme von Büchern gilt folgendes]: Die Kinder haben die betreffenden Lernmittel in 3 Zeiten heraufzunehmen und hinwegzutun. Gibt der Lehrer [...] zum Heraufnehmen des Lesebuchs [...] das Zeichen „1", dann erfassen die Kinder das unter der Schultafel liegende Buch; beim Zeichen „2" erheben sie das Buch über die Schultafel; beim Zeichen „3" legen sie es geräuschlos auf die Schultafel nieder, schließen die Hände und blicken den Lehrer an [...] Alle breiten Auseinandersetzungen und Reden müssen wegfallen; hier muss ein Wink des Auges [...] oder der einzige Ausruf: „Klasse – Achtung!" genügen, um die gesamte Schulordnung herzustellen.

C. Kehr [Seminardirektor]: Wegweiser zur Führung einer geregelten Schuldisziplin. In: Praxis der Volksschule. Gotha 1903, S. 65 ff.
Aus: Heinz Dieter Schmid (Hg.): Fragen an die Geschichte. Bd.3, Frankfurt/M. ^{5}1980, S. 227

M27 Wilhelm Liebknecht: Der Schulmeister und der Unteroffizier, 1872

Liebknecht (1826–1900) war einer der Gründerväter der SPD.

[Der Staat] kann freie Männer nicht brauchen, nur gehorsame Untertanen; nicht Charaktere, nur Bedienten- und Sklavenseelen. Da ein „intelligenter" Bedienter und Sklave brauchbarer ist als ein unintelligenter – schon die Römer legten auf Sklaven, die etwas gelernt hatten, einen besonderen Wert und zahlten entsprechende Preise für sie –, sorgt der moderne Staat für eine gewisse Intelligenz, nämlich für Bedienten-Intelligenz, die das menschliche Werkzeug verfeinert und vervollkommnet, so dass sich besser mit ihm „arbeiten" lässt. So wird die Schule zur Dressuranstalt statt zur Bildungsanstalt. Statt Menschen zu erziehen, erzieht [die Schule] Rekruten, die aufs Kommando in die Kaserne, diese Mensch-Maschinenfabrik, eilen [...]. Der Hauptzweck der Schule ist aber, entschieden taugliches Rohmaterial für die Kaserne zu liefern. In der Kaserne erst wird der „wahre Mensch" fertig gemacht. Der Schulmeister dressiert, der Unteroffizier drillt. Der Unteroffizier ist die Fortsetzung des Schulmeisters. [...] Der Schulmeister und der Unteroffizier ergänzen sich gegenseitig. Der dressierende Schulmeister und der drillende Unteroffizier sind die beiden Hauptpfeiler des heutigen Staats [...].

Wilhelm Liebknecht: Wissen ist Macht – Macht ist Wissen. Festrede gehalten zum Stiftungs-Fest des Dresdener Bildungs-Vereins am 5. Februar 1872. Berlin 1904, S. 24 f.

M28 Ins Freie, ins Licht! – Die Lebensreformbewegung

*Der Historiker Joachim Radkau (*1943) erläutert den Kontext.*

Vegetarier, Antialkoholiker, Naturheiler, Naturschützer, Wandervögel, Reformpädagogen, Propheten der freien Liebe, der Nacktkultur, der Reformkleidung, des Jugendstils, der östlichen Weisheit, der naturnahen Lebensgemeinschaft fern der Städte – die Aufbruchsbewegungen um 1900 bieten ein kunterbuntes Panorama. Wer hier Strukturen entdecken will, ist erst einmal ratlos. [...]

Schärfere Konturen gewinnen all diese unterschiedlichen Bewegungen am ehesten im Spiegel der Satire. Etwa in dem von dem Ex-Kolonialoffizier Hans Paasche fingierten Bericht „*Die Forschungsreise des Afrikaners Lukanga Mukara ins innerste Deutschland*" von 1913, einer Parodie auf die damals beliebten Abenteuererzählungen von Expeditionen „ins innerste Afrika", die daran erinnert, dass es auch einen afrikanerfreundlichen Rassismus gab. Da sieht sich der schwarze Naturmensch voller Schauder in ein Land ebenso hässlicher wie hektischer Kreaturen versetzt, die er nur noch mit Mühe als Menschen zu erkennen vermag: in ein Land der „Stinker" und „Schlucker", der Kettenraucher und Alkoholiker [...].

Zu guter Letzt gerät der dunkelhäutige Naturbursche staunend in das Treffen der Jugendbewegung auf dem Hohen Meißner. Da auf einmal trifft er auf einen ganz neuen Typus des Deutschen, von dem er bis dahin nichts geahnt hatte: strahlend vor Jugend und Schönheit, die Mädchen barfuß und in Flatterkleidern, lachend und singend, tanzend und springend, mit reiner Haut und klarem Blick. [...] Lukanga Mukara ist überwältigt: „Ich sah, als Fremder, die Zukunft eines Menschenvolkes." Ein Gesang von tausend Stimmen schallt in die sternklare Nacht, auf dem Berg lodert das Feuer, dem Häuptlingssohn kommen die Tränen. [...]

Die wichtigsten Motive der vielen damaligen Reformbewegungen klingen hier an: der Körperkult, das neue Gesundheitsbewusstsein, die Kritik an Großstadtmoderne und wilhelminischer Spießbürgerlichkeit und vor allem der Drang „zurück zur Natur".

Joachim Radkau: Ins Freie, ins Licht!, ZEIT Geschichte Nr. 2/2013

M29 „Lichtgebet", 1913

Farblithografie von Hugo Höppener („Fidus")

M30 Aufruf zur Teilnahme am Freideutschen Jugendtag 1913

Die Jugendbewegung war eine vielfältige Strömung in der späteren Kaiserzeit.

Die deutsche Jugend steht an einem geschichtlichen Wendepunkt. Die Jugend, bisher aus dem öffentlichen Leben der Nation ausgeschaltet und angewiesen auf eine passive Rolle des Lernens, auf eine spielerische-nichtige Geselligkeit und nur ein Anhängsel der älteren Generation, beginnt sich auf sich selbst zu besinnen. Sie versucht, unabhängig von den trägen Gewohnheiten der Alten und von den Geboten einer hässlichen Konvention sich selbst ihr Leben zu gestalten. Sie strebt nach einer Lebensführung, die jugendlichem Wesen entspricht, die es ihr aber zugleich auch ermöglicht, sich selbst und ihr Tun ernst zu nehmen und sich als einen besonderen Faktor in die allgemeine Kulturarbeit einzugliedern. Sie möchte das, was in ihr an reiner Begeisterung für höchste Menschheitsaufgaben, an ungebrochenem Glauben und Mut zu einem adligen Dasein lebt, als einen erfrischenden, verjüngenden Strom dem Geistesleben des Volkes zuführen, und sie glaubt, dass nichts heute unserem Volke nötiger ist, als solche Geistesverjüngung. Sie, die im Notfall jederzeit bereit ist, für die Rechte ihres Volkes mit dem Leben einzutreten, möchte auch im Kampf und Frieden des Werktags ihr frisches reines Blut dem Vaterlande weihen.

Digitales Archiv Marburg (DigAM): http://digam.net/image.php?file=img/dokumente/9248/2.jpg&b=850&h=auto

M31 Reformpädagogik – eine andere Art von Schule

Auch für die Reform von Schule, Unterricht und Erziehung gab es im Kaiserreich vielfältige Ansätze. Aus den Grundsätzen der Erziehung in einem Landerziehungsheim, 1913:

Das Landschulheim Am Solling bei Holzminden erstrebt eine harmonische Erziehung bei gleichmäßiger Ausbildung sämtlicher körperlichen, geistigen und charakterlichen Anlagen der ihm zugeführten Knaben nach den Grundsätzen Einfachheit, Gesundheit und Natürlichkeit. Wie sein Name es andeutet, verlegt das Landschulheim die Erziehung auf das Land, heraus aus der Stadt mit ihrem ermüdenden Treiben, ihren das kindliche Gemüt bedrohenden Gefahren. Der heranwachsende Knabe gehört auf das Land in eine allseitig gesunde Umgebung. Hier kann sein Körper erstarken, sich abhärten, sodass er Wind und Wetter trotzt. Hier erwacht sein Geist in vertrautem Umgang mit der Natur; er kann sich tummeln, ohne ängstlich auf Schritt und Tritt behütet und gegängelt zu werden. [...]

Prospekt des Landschulheims Am Solling, Werbebroschüre von 1913, S. 3 ff. Aus: Praxis Geschichte 5/1994, S. 21

M32 Anders leben – ein Siedlungsprojekt der Lebensreformbewegung

Siedler-Werbung für die vegetarische Obstbau-Kolonie „Eden" bei Berlin, 1893

Unsere vegetarische Obstbau-Kolonie ist von weittragender Bedeutung; dies kann erst so recht klar werden, wenn man dem ganzen Plane seine volle Aufmerksamkeit schenkt. Was wollen wir? „Eden" ist der verheißungsvolle Name unseres Unternehmens; also ein Eden, ein Paradies wollen wir uns schaffen? Allerdings [...].

Im Paradies herrscht Friede: Lassen wir zunächst den Tiermord. Das Paradies ist ein Garten: In einen Garten wollen wir unseren Acker verwandeln, in einen Garten, der alle Sinne entzückt. Wir werden zunächst zu unserer Nahrung Wurzeln und Kräuter (Gemüse) sowie Obst säen und pflanzen, später Ziersträucher und Bäume sowie Blumen zu unserer Freude.

In Eden herrscht Geselligkeit: Geselligkeit wollen wir auch pflegen, Geselligkeit und geistiges Leben. Zu fruchtbarer Geistestätigkeit werden wir uns alle Grundbedingungen schaffen: Gesundheit, erworben und erhalten durch reine Nahrung. Betätigung im Freien, Pflege des Körpers mit Hilfe von Licht, Luft und Wasser, Sorgenlosigkeit als Folge unserer leicht befriedigten, geringen körperlichen Bedürfnisse.

Ulrich Linse (Hg.): Zurück, o Mensch, zur Mutter Erde. Landkommunen in Deutschland 1890–1933. München 1983, S. 41

1. Arbeitet die Charakteristika der Lebensreformbewegung heraus (M28).
2. Erläutert, warum das Bild „Lichtgebet" (M29) als „Ikone (= ideale Verkörperung) der Jugendbewegung" bezeichnet wird.
3. Tragt mit eurem Nachbarn die Merkmale eines der Projekte der Lebensreformbewegung zusammen und stellt sie der Klasse vor (M30–M32).
4. Erörtert, inwiefern sich diese Projekte von Konventionen und Alltagswelt des Kaiserreichs absetzten.
5. Diskutiert, welche dieser Ansätze auch in der Gegenwart noch aktuell sind.

M33 Otto Glagau: „Gegen falsche Toleranz", 1876

Der folgende Auszug stammt aus einer Artikelserie, die der Journalist Glagau (1834–1892) in der vielgelesenen Familienzeitschrift „Die Gartenlaube" und später erneut in Buchform veröffentlichte.

Ich will [den Juden] nichts nehmen von dem, was sie einmal besitzen; aber ich will sie revidieren[1], und zwar funditus[2] revidieren. Nicht länger dürfen falsche Toleranz und Sentimentalität, leidige Schwäche und Furcht uns Christen abhalten, gegen die Auswüchse, Ausschreitungen und Anmaßungen der Judenschaft vorzugehen. Nicht länger dürfen wir's dulden, dass die Juden sich überall in den Vordergrund, an die Spitze drängen, überall die Führung, das große Wort an sich reißen. Sie schieben uns Christen stets beiseite, sie drücken uns an die Wand, sie nehmen uns die Luft und den Atem. Sie führen tatsächlich die Herrschaft über uns; sie besitzen eine gefährliche Übermacht, und sie üben einen höchst unheilvollen Einfluss. Seit vielen Jahrhunderten ist es wieder zum ersten Mal, dass ein fremder, an Zahl so kleiner Stamm die große eigentliche Nation beherrscht. Die ganze Weltgeschichte kennt kein zweites Beispiel, dass ein heimatloses Volk, eine physisch wie psychisch entschieden degenerierte Rasse bloß durch List und Schlauheit, durch Wucher und Schacher über den Erdkreis gebietet.

Aus: Friedrich Battenberg: Das europäische Zeitalter der Juden. Darmstadt 1990, S. 183

[1] deutsch: „überprüfen"; gemeint ist die Rückgängigmachung der Emanzipation (= rechtliche Gleichstellung) der Juden, die seit 1869 im Norddeutschen Bund und danach im Deutschen Reich galt

[2] von Grund auf

M34 Heinrich von Treitschke: „Die Juden sind unser Unglück", 1879

Treitschke (1834–1896) war ein einflussreicher Historiker und Publizist.

Ich glaube [...], dass in neuester Zeit ein gefährlicher Geist der Überhebung in jüdischen Kreisen erwacht ist, dass die Einwirkung des Judentums auf unser nationales Leben [...] sich neuerdings vielfach schädlich zeigt. [...] Unbestreitbar hat das Semitentum[1] an dem Lug und Trug, an der frechen Gier des Gründer-Unwesens[2] einen großen Anteil, eine schwere Mitschuld an jenem schnöden Materialismus unserer Tage, der jede Arbeit nur noch als Geschäft betrachtet [...]. Am Gefährlichsten aber wirkt das unbillige Übergewicht des Judentums in der Tagespresse [...]. Bis in die Kreise der höchsten Bildung hinauf, unter Männern, die jeden Gedanken kirchlicher Unduldsamkeit oder nationalen Hochmuts mit Abscheu von sich weisen würden, ertönt es heute wie aus einem Munde: Die Juden sind unser Unglück!

Aus: Deutsche Geschichte in Quellen und Darstellung. Bd.8: Kaiserreich und Erster Weltkrieg 1871–1918. Hg. von Rüdiger vom Bruch, Björn Hofmeister. Stuttgart 2000, Nr. 45, S. 191–193

[1] Semiten sind Angehörige einer Sprachenfamilie; im antisemitischen Kontext wurde der Begriff synonym für Juden verwendet

[2] als „Gründerzeit" wird die Phase der Hochkonjunktur von 1871–1873 bezeichnet, die mit einem massiven Börsencrash endete

M35 Antisemitische Postkarte, 1897

Das Hotel „Kölner Hof" rühmt sich damit, das einzige „judenfreie" Hotel in Frankfurt/M. zu sein.

M36 Antisemitismus – selbst erlebt

Aus der 1921 erschienenen Autobiografie des Schriftstellers Jakob Wassermann (1873–1934).

Obwohl ich meine Ehre und ganz Kraft dareinsetzte, als Soldat meine Pflicht zu tun und das geforderte Maß der Leistung zu erfüllen, [...] gelang es mir nicht, die Anerkennung meiner Vorgesetzten zu erringen, und ich merkte bald, dass es mir auch bei exemplarischer Führung nicht gelungen wäre, dass es nicht gelingen konnte, weil Absicht dawider war. Ich merkte es an der verächtlichen Haltung der Offiziere, an der unverhehlten[1] Tendenz, die befriedigende Leistung selbstverständlich zu finden, die unbefriedigende an den Pranger zu stellen. Von gesellschaftlicher Annäherung konnte nicht die Rede sein [...].

Auffallender, weitaus quälender war mir in dieser Beziehung das Verhalten der Mannschaften[2]. Zum ersten Mal begegnete ich jenem in den Volkskörper gedrungenen dumpfen, starren, fast sprachlosen Hass [...]. Jeder redliche und sich achtende Jude muss, wenn ihn zuerst dieser Gifthauch anweht und er sich dessen Beschaffenheit klar zu werden versucht, in nachhaltige Bestürzung geraten. Und so erging es auch mir. [...]

Aus: Wolfgang Lautemann, Manfred Schlenke (Hg.): Geschichte in Quellen. Bd.5: Das bürgerliche Zeitalter 1815–1914. München 1980, S. 820

[1] unverhohlenen, offen gezeigt

[2] Soldaten mit einfachem Dienstgrad

M37 Aus den Leitsätzen des Central-Vereins deutscher Staatsbürger jüdischen Glaubens, 1883

1. Wir deutschen Staatsbürger jüdischen Glaubens stehen fest auf dem Boden der deutschen Nationalität. Unsere Gemeinschaft mit den Juden anderer Länder ist keine andere als die Gemeinschaft der Katholiken und Protestanten Deutschlands mit den Katholiken und Protestanten anderer Länder. Wir erfüllen als Staatsbürger freudig unsere Pflicht und halten fest an unseren verfassungsmäßigen Rechten.
2. Wir gehören als Juden zu keiner politischen Partei. Die politische Meinung ist wie die religiöse Sache des Einzelnen.
3. Wir haben keine andere Moral als unsere andersgläubigen Mitbürger. Wir verdammen die unsittliche Handlung des Einzelnen, wes Glaubens er sei.
4. Wir verwahren uns gegen die leichtfertige oder böswillige Verallgemeinerung, mit der Vergehen einzelner Juden der jüdischen Gesamtheit zur Last gelegt werden.

Aus: Werner Mosse (Hg.): Juden im Wilhelminischen Deutschland. Tübingen 1976, S. 488

M38 Theodor Herzl: „Der Judenstaat", 1896

Herzl (1860–1904) war Schriftsteller und Journalist. Er begründete die Bewegung des Zionismus, aus der der heutige Staat Israel hervorging.

Wir haben überall ehrlich versucht, in der uns umgebenden Volksgemeinschaft unterzugehen und nur den Glauben unserer Väter zu bewahren. Man lässt es nicht zu. Vergebens sind wir treue und an manchen Orten sogar überschwängliche Patrioten, vergebens bringen wir dieselben Opfer an Gut und Blut wie unsere Mitbürger, vergebens bemühen wir uns, den Ruhm unserer Vaterländer in Künsten und Wissenschaften, ihren Reichtum in Handel und Verkehr zu erhöhen. [...]

So sind und bleiben wir denn, ob wir es wollen oder nicht, eine historische Gruppe von erkennbarer Zusammengehörigkeit. Wir sind ein Volk – der Feind macht uns ohne unseren Willen dazu, wie das immer in der Geschichte so war. In der Bedrängnis stehen wir zusammen, und da entdecken wir plötzlich unsere Kraft. Ja, wir haben die Kraft, einen Staat und zwar einen Musterstaat zu bilden.

Theodor Herzl: Der Judenstaat. Leipzig und Wien 1896, S. 11, 26

1. Fasst die Vorwürfe zusammen, welche die Verfasser von M33 und M34 gegen die Juden erheben.
2. Interpretiert das Postkartenmotiv M35. Überlegt, welchen Zweck der Herausgeber damit wohl verfolgte.
3. Gebt wieder, welche Erfahrungen Wassermann in seiner Militärzeit mit seinen christlichen Mitbürgern machte (M36).
4. Vergleicht die Reaktionen des Central-Vereins (M37) auf die antijüdischen Vorbehalte mit derjenigen Herzls (M38).
5. Sammelt Beispiele für Antisemitismus in der Gegenwart.

M39 Programm des Allgemeinen Deutschen Frauenvereins, 1905

Der 1865 gegründete ADF war der älteste deutsche Frauenverein. Er war ein Ausdruck der bürgerlichen Frauenbewegung. 1905 stellte er folgende Forderungen auf:

I. Bildung. [...]: a) obligatorische Fortbildungsschulen für alle aus der Volksschule entlassenen Mädchen; b) eine Reorganisation der höheren Mädchenschule [...]. Den Mädchen muss [...] die Möglichkeit gegeben werden, an den Berechtigungen der höheren Lehranstalten teilzunehmen; c) unbeschränkte Zulassung ordnungsgemäß vorgebildeter Frauen zu allen wissenschaftlichen, technischen und künstlerischen Hochschulen.

II. Berufstätigkeit. Die Frauenbewegung betrachtet für die verheiratete Frau den in der Ehe und Mutterschaft beschlossenen Pflichtenkreis als ersten und nächstliegenden Beruf. Die befriedigende Erfüllung dieses Berufs muss im Interesse der Gesamtheit mit allen Mitteln der Bildung, der wirtschaftlichen Reform, des staatlichen Schutzes gesichert werden. Die Arbeit der Frau [...] ist wirtschaftlich und rechtlich als vollgültige Kulturleistung zu bewerten.
In Anbetracht der großen Zahl von Frauen, die unverheiratet bleiben, und [...] derer, die in der Ehe keine ausreichende wirtschaftliche Versorgung finden können, ist die Berufsarbeit der Frau eine wirtschaftliche und sittliche Notwendigkeit. [...]

III. Ehe und Familie. Die Frauenbewegung sieht in der Heilighaltung der Ehe die wesentlichste Bürgschaft für das körperliche und geistige Wohl der Nachkommenschaft und die Grundbedingung sozialer Gesundheit. Sie legt in Bezug auf die sexuelle Sittlichkeit Männern und Frauen die gleichen Pflichten auf und bekämpft die doppelte Moral, die einerseits dem Manne eine in jeder Hinsicht verhängnisvolle sexuelle Freiheit gewährt, andererseits die Frau mit ungerechter Härte trifft. Sie fordert für die Frau als Leiterin des Hauses und Erzieherin der Kinder, dass sie [...] auch rechtlich die gleiche Verantwortung in allen Angelegenheiten der Ehe und der Familie trage wie der Mann [...].

IV. Öffentliches Leben, Gemeinde und Staat. [...] a) Zulassung der Frauen zu verantwortlichen Ämtern in Gemeinde und Staat, vor allem solchen, die zu den Interessen der Frauen in besonders naher Beziehung stehen (Mädchenschulwesen, staatliche und kommunale Sozialpolitik, Arbeiterinnenfrage, Rechtspflege usw.) [...]

Deutsche Geschichte in Quellen und Darstellung. Bd.8: Kaiserreich und Erster Weltkrieg 1871–1918. Hg. von Rüdiger vom Bruch, Björn Hofmeister. Stuttgart 2000, Nr. 31, S. 137–140

M40 August Bebel (SPD) zur Stellung der Frau, 1879

Bebel (1840–1913) war ein führender Funktionär der Sozialistischen Arbeiterpartei Deutschlands, die sich später in SPD umbenannte. Sein Buch, aus dem der folgende Auszug stammt, erfuhr zahlreiche Auflagen und war für die proletarische Frauenbewegung von großer Bedeutung.

Die Frau und der Arbeiter haben beide das gemein, dass sie seit uralter Zeit die Unterdrückten sind, dass trotz aller Änderung in den Formen der Unterdrückung die Unterdrückung selbst stets vorhanden war und geblieben ist; dass Frau wie Arbeiter im langen Laufe der Geschichte nur selten zum klaren Bewusstsein ihrer Knechtschaftsstellung kamen, und zwar die Frau noch weit weniger als der Arbeiter, weil sie im Ganzen noch tiefer stand als dieser, und von ihm selbst als inferior (unterbürtig) angesehen und behandelt wurde und wird. [...] Die Frau nimmt gewohnheitsmäßig ihre untergeordnete Stellung als etwas so Selbstverständliches und Naturgemäßes hin, dass es nicht wenig Mühe kostet, ihr zu beweisen, dass diese Stellung eine ihrer unwürdige ist und sie dahin streben muss, ein dem Manne gleichberechtigtes und in jeder Beziehung ebenbürtiges Mitglied der Gesellschaft zu werden. [...]

Eine volle und ganze Lösung der Frauenfrage – worunter ich verstehe, dass die Frau dem Manne gegenüber nicht nur von Gesetzes wegen gleichsteht, sondern auch ökonomisch frei und unabhängig von ihm und in geistiger Ausbildung ihm möglichst ebenbürtig sei – ist unter den gegenwärtigen gesellschaftlichen und politischen Einrichtungen ebenso unmöglich wie die Lösung der Arbeiterfrage. [...].

[Für die sozialistische Gesellschaft der Zukunft stellt der Autor fest:]

Alle Vorteile und alle Einrichtungen der neuen Gesellschaft kommen [der Frau] wie dem Mann zustatten. Die neugeschaffene Organisation aller geistigen und materiellen Produktion gestattet auch ihr, ohne irgendeine andere Einschränkung als die Rücksicht auf ihre persönlichen Fähigkeiten oder Kräfte die volle Betätigung. Sie ergreift, was ihr am besten zusagt, und ihre Leistung ist gleichwertig jener des Mannes. Sie ist vollkommen unabhängig, keinem Schein von Herrschaft und Ausbeutung mehr unterworfen, sie steht dem Manne gegenüber als – freie Gleiche.

August Bebel: Die Frau und der Sozialismus. Zürich 1879, S. 4, 154

M41 „Verfehlter Beruf"

Karikatur aus der humoristischen Wochenschrift „Fliegende Blätter":

„Wie, gnädiges Fräulein wollen sich dem ärztlichen Beruf widmen?! Aber ich bitt' Sie, mit so einem lieben G'sichterl studiert man doch nicht!" (Im Jahre 1908 war Frauen das Studium in Preußen allgemein erlaubt worden)
Fliegende Blätter 3322, 1909, S. 154 (Universität Heidelberg)

M42 Eduard Windthorst: Kritik an den Forderungen der Frauenbewegung

Windthorst (1834–1914) war ein linksliberaler Politiker und Rechtsanwalt.

Man könnte versucht sein, sich mit der Äußerung des Widerwillens zu begnügen und anzunehmen, dass die ganze Bewegung bald dem verdienten Spotte anheimfallen werde. Eine solche Annahme findet ihre Rechtfertigung schon in der Erwägung, dass in der psychischen und in der physischen Natur des Weibes ein unübersteiglichen Hindernis liegt, den unbegrenzten Wettbewerb mit dem Mann aufzunehmen. Man braucht doch nur an gewisse, mit der weiblichen Natur unabänderlich verbundene, oder infolge der Ehe sich ergebende Zustände zu denken, in denen auf kürzere oder längere Zeit die Arbeitsfähigkeit ganz aufgehoben oder doch erheblich vermindert ist.

Eduard Windthorst: Lebenserfahrungen eines Idealisten. Bonn 1912, S. 467 f.

1. Recherchiert in eurem Geschichtsbuch oder im Internet zur rechtlichen Stellung der Frau im Kaiserreich.
2. Fasst die Forderungen des ADF zur Verbesserung der Lage der Frauen zusammen (M39).
3. Arbeitet heraus, wie Bebel die Rolle der Frau definiert und wie aus seiner Sicht eine Verbesserung möglich ist (M40).
4. Vergleicht die Ansätze von M39 und M40 und erläutert, warum Historiker*innen zwischen einer bürgerlichen und einer proletarischen Frauenbewegung unterscheiden.
5. Erläutert die Aussage von M41 und setzt sie in Bezug zu M39.
6. Beurteilt Windthorsts Kritik an der Frauenbewegung (M42).
7. Diskutiert, inwieweit Aspekte der Frauenbewegung der Kaiserzeit auch heute noch von Bedeutung sind.

M43 Das Bismarck-Monumentaldenkmal in Hamburg, 1906

Postkarte um 1900

Beschreibung:
- Das Denkmal besteht aus einem Sockel und dem eigentlichen Standbild.
- Es ist vollständig aus Granit gefertigt und wiegt insgesamt 625 Tonnen.
- Der wuchtige Sockel hat eine Höhe von 19,5 Metern. In seinem Mittelteil wurden 1908 acht ergänzende Figuren angebracht, welche die deutschen Stämme symbolisieren.
- Die Statue zeigt Bismarck als mittelalterlichen Roland, das Sinnbild der Stadtrechte, in Ritterrüstung und auf das blanke Schwert gestützt. Das Motiv ist ein Verweis auf den Status der freien Stadt Hamburg als einer der 25 Einzelstaaten des Deutschen Reiches. Das Standbild ist 14,8 Meter hoch und wird von zwei ruhenden, nach links und rechts Ausschau haltenden Adlern flankiert.

Entstehungszusammenhang:
- Nach Bismarcks Tod im Sommer 1898 ergreifen Hamburger Honoratioren die Initiative zum Bau eines Ehrenmals. Das Komitee veranlasst eine Spendensammlung.
- Der 1901 durchgeführte Wettbewerb zur Gestaltung des Denkmals ergibt 239 Vorschläge, aus denen der Entwurf des Architekten Emil Schaudt und des Bildhauers Hugo Lederer als Sieger hervorgeht.
- Nach intensiven Diskussionen fällt die Standortwahl auf den Alten Elbpark oberhalb des Hafens, wo die Statue mit dem Rücken zur Stadtmitte flussabwärts auf den Lauf der Elbe hinabblickt.
- Die Einweihung findet im Juni 1906 nach dreijähriger Bauzeit statt.

Weitere Baugeschichte:
- Unterhalb des Standbilds existiert ein 15 Meter hoher Innenraum, der im Zweiten Weltkrieg zu einem Ensemble von Luftschutzräumen aus- und umgebaut wird.
- Seit 1960 steht das Monument unter Denkmalschutz.
- In den Jahren 2020/21 wird das Denkmal für 8,9 Millionen Euro saniert. Eine intensive öffentliche Dabatte über eine Neu-Kontextualisierung begleitet die Arbeiten (vgl. M45).

Autorentext

M44 Erinnerungskultur im Kaiserreich: Denkmäler

[Kaiser] Wilhelm II. hat einen monarchisch-nationalen Kult um [Kaiser] Wilhelm I. (den „Großen") als den „Reichsgründer" inszenieren wollen, die Kaiser-Wilhelm-Denkmäler der preußischen Provinzen [...] oder das in Berlin zeugen davon, sie waren „amtlich" angeregt [...]. Die „spontanen" Denkmäler aber, aus Bürgerinitiativen und freiwilligen Beiträgen hervorgegangen, waren die Bismarck-Denkmäler, zumal die auf eine Initiative der deutschen Studentenschaften von 1898 zurückgehenden Bismarcksäulen und -türme, von denen bis 1914 etwa 700 das Land, vor allem die Landschaft erfüllten, oder das 1906 eingeweihte Hamburger Denkmal, Bismarck als der schützende Roland, der übers Meer blickt. [...] Diese Denkmäler richteten sich gegen das theatralische Machtpathos des Wilhelminismus, sie waren insofern modern, freilich nun mit dem Pathos des elementar Einfachen, Ursprünglichen, Kraftvollen. [...]

Die Denkmalstifter, -bauer und -anhänger sehen das Symbol der Nation, ihrer Größe und ihres Bestehens nicht mehr in der Monarchie oder in engster Verbindung mit ihr, der Symbolheld und -führer repräsentiert die Nation an sich, Staat und Volk [...]. Die Reichsgründungsstimmungen von Sieg und Triumph sind verschwunden, und auch die vollmundigen Ansprachen des Kaisers finden im Nationalismus dieser Denkmäler wenig Entsprechung: Es ist ein Nationalismus der Sorge und der Bedrohungsgefühle, die Nation sieht sich gegenüber einer feindlichen Außenwelt und von innerem Zwiespalt, dem Klassenkampf zumal, gefährdet. [...] Nach außen betonen sie mehr eine Schutz- und Trutzverteidigung als ausgreifende Ansprüche, aber solche Ansprüche bleiben Hintergrund und Basis aller nationalen Stimmung.

Thomas Nipperdey: Deutsche Geschichte 1866–1918. Bd.2: Machtstaat vor der Demokratie. München ^{3}1995, S. 598 f.

M45 Teure „Kur" für steinernen Kolonialisten

Das Hamburger Bismarck-Denkmal wurde 2020–2021 für ca. 9 Millionen Euro saniert. Während der Renovierungsarbeiten schrieb der Journalist Hagen Jung am 13. Juli 2020:

Wesentlich geringer wäre der finanzielle Aufwand, wenn die Abrissbirne das Standbild des von 1871 bis 1890 amtierenden deutschen Reichskanzlers aus dem Stadtbild der Hansestadt getilgt hätte. Zuletzt demonstrierten vor einer Woche die Initiativen „Intervention Bismarck-Denkmal Hamburg" und „Decolonize Bismarck" gegen die Sanierung, nicht nur wegen der Kosten, sondern mit Blick auf das Lebenswerk Otto von Bismarcks. Er gilt als Wegbereiter des Kolonialismus[1] [...].

Einen Abriss jedoch lehnt die Landesregierung von SPD und Grünen ab. Kultursenator Carsten Brosda (SPD) möchte vielmehr nach der Renovierung über einen künstlerischen Wettbewerb eine „Gegenposition" am Monument deutlich werden lassen. Das könne von „radikalen Gegenpositionen, die diesem heroischen Gigantismus eine ironische Brechung entgegensetzen[,] bis hin zu digitalen Applikationen" reichen, sagte er am Montag gegenüber der Deutschen Presseagentur. In jedem Fall soll in der Baugrube neben dem Sockel eine Ausstellung entstehen, um das Denkmal „kritisch einzuordnen". [...]

Handfester ist dagegen der Vorschlag von Ulrich Hentschel, Pastor und ehemaliger Studienleiter für Erinnerungskultur an der Evangelischen Akademie in Hamburg: Seinerzeit, erzählte Hentschel unlängst in einem Interview, sei der Bismarck-Kopf per Pferdefuhrwerk herangekarrt und dann der Statue aufmontiert worden. Man könne ihn doch jetzt wieder abnehmen und ihn auf einen steinernen Pferdewagen setzen. Damit ließen sich Monumentalität und Wucht des Denkmals brechen, empfiehlt Hentschel.

Hagen Jung: Teure „Kur" für steinernen Kolonialisten, nd Journalismus von links, 14.7.2022:
https://www.nd-aktuell.de/amp/artikel/1139063.bismarck-denkmal-teure-kur-fuer-steinernen-kolonialisten.amp.html

[1] während Bismarcks Kanzlerschaft erwarb das Deutsche Reich 1884/85 erste Schutzgebiete in Afrika und im Pazifik, die später zu Kolonien wurden

1. Nennt Besonderheiten des Denkmals und setzt euch mit der Frage auseinander, ob ihr es für gelungen haltet (M43).
2. Charakterisiert die „nicht-amtlichen" Denkmäler der Kaiserzeit und erläutert, warum das Monument in M43 dazugehört (M44).
3. Gebt wieder, welche Lösungen für das sanierungsbedürftige Denkmal zu Beginn der 2020er Jahre diskutiert und welche Begründungen jeweils angeführt wurden (M45).
4. Entwickelt eure eigene Position in dieser Diskussion.
5. Im Kaiserreich entstanden auch zahlreiche Bismarcktürme. Ermittelt den nächsten Bismarckturm von eurem Schulort aus. Nutzt dafür (auch) die Seite www.bismarcktuerme.net.

M46 „Freund und Feind am großen Teich", 1914

Die Feldpostkarte ist „umgelaufen", d. h., sie wurde nicht verschickt.

Privatarchiv M. Brabänder

M47 Die Kriegsschuldfrage in der Kontroverse

a) Jörn Leonhard: Bereitschaft zum Risiko: [M]it dem deutschen Blankoscheck[1] für Österreich-Ungarn zu einem frühen Zeitpunkt ging man in Berlin bewusst ein enormes Risiko ein. Man wollte den Konflikt zwischen Österreich-Ungarn und Serbien zum Testfall machen – im klaren Bewusstsein dafür, dass sich diese Krise zum Weltkrieg auswachsen konnte. Die deutsche Risikostrategie, es darauf ankommen zu lassen, wie weit Russland gehen würde und ob es zum Krieg letztlich bereit war oder nicht, traf zugleich auf die russisch-französische Bereitschaft, die Balkankrise zum Anlass für einen großen Konflikt zu machen.

Jörn Leonhard: Die Büchse der Pandora. Geschichte des Ersten Weltkriegs. München 22014, S. 119

b) Rainer Schmidt: Kriegsauslösung versus Kriegsverursachung: Unzweifelhaft hatte die deutsche Risikopolitik die Krise angestoßen und sukzessive verschärft. [...] Und doch greift es zu kurz, wenn man nur die deutsche Seite in den Blick nimmt. Mindestens ebenso wichtig war das, was [der franz. Präsident] Poincaré im Schilde führte. Frankreich war seit 1871 auf den Revanchekrieg aus, und Russland strebte mit Gewalt in Richtung Meerengen. Das war nichts Neues auf dem Feld der internationalen Diplomatie. Aber Poincaré war der Erste, der beide Komplexe zusammenführte [...]. Deshalb gilt es zu unterscheiden zwischen der Kriegsauslösung durch Berlin und der Kriegsverursachung, ja der Kriegsentfesselung durch Paris.

Rainer F. Schmidt: Kaiserdämmerung. Berlin, London, Paris, St. Petersburg und der Weg in den Untergang. Stuttgart 2021, S. 565 f.

[1] gemeint ist die Zusage der Reichsleitung vom 5. Juli 1914, Österreich-Ungarn unabhängig vom weiteren Verlauf der Krise in jedem Fall beistehen zu wollen

1. Recherchieren Sie Vorgeschichte und Ausbruch des Ersten Weltkriegs.
2. Interpretieren Sie die Postkarte M46 vor dem Hintergrund Ihrer Recherche-Ergebnisse.
3. Geben Sie wieder, welche Positionen die Quellen M47a und b zur Frage der Kriegsschuld einnehmen, und diskutieren Sie diese Thesen im Kurs.

M48 Das Kaiserreich – Fortschritt und Reformen

Wie modern war das Kaiserreich, und gibt es Kontinuitäten bis in unsere Gegenwart hinein? Diese Fragen werden in der historischen Forschung kontrovers diskutiert. Die Münchener Professorin Hedwig Richter schreibt in einem programmatischen Text:

Das Kaiserreich wird in diesem Essay [...] als eine Zeit der Aufbrüche und bewusst eingeleiteten Veränderungen interpretiert, deren Dynamik sich aus der Massenpolitisierung ergab. Auch die Globalisierung bestärkte die reformerische Energie. Der Essay ergänzt damit eine breite Forschung, die längst das Bild vom quasiabsolutistischen Obrigkeitsstaat aufgegeben hat, weil es der Pluralität der deutschen Gesellschaft und der Vielfalt des politischen Lebens im Kaiserreich nicht gerecht wird. Indem der Essay die Reformeuphorie und die Aufbrüche gerade auch der Frauen in den Blick nimmt, wendet er sich gegen eine düstere Exotisierung des Kaiserreichs und verweist auf den progressiven, reformerischen Kontext im ganzen nordatlantischen Raum. [...]

Dank der Reformbewegungen und ihrer Inklusionsdynamik liegen im Kaiserreich wichtige Wurzeln der Massendemokratie [...]. Die unteren Schichten drangen in immer weitere Bereiche vor. [...]

Im Kaiserreich liegen [...] nicht nur die Wurzeln des Nationalsozialismus, sondern auch der demokratischen Zeit davor in Weimar und danach in der Bundesrepublik. [...] Die Jahrzehnte um 1900 schufen die Grundlage für die Demokratisierung der Welt [...]. Zugleich ist diese Zeit aber auch ein eindrückliches Beispiel für die Kraft der Emanzipation. Die Welt lässt sich neu denken und neu gestalten, das demonstrieren vor allem die Sozialdemokratie und die Frauenbewegungen; die Sozialdemokratie war zweifellos die einflussreichste Bewegung der Epoche, aber die Frauenemanzipation begann damit, die älteste und tiefste Ungleichheit, die Geschlechterhierarchie, ins Wanken zu bringen. Dafür war ein anderer Umgang mit dem Körper wesentlich, eine Sensibilisierung, die durch neue Ideen von Gleichheit befördert wurden. Insofern lassen sich Bewegungen wie Black Lives Matter oder #MeToo in die Tradition dieser Aufbruchszeit stellen. [...]

Hedwig Richter: Aufbruch in die Moderne. Reform und Massenpolitisierung im Kaiserreich. Berlin 2021, S. 16 und S. 141–144

M49 Das Kaiserreich – Distanz und Diskontinuitäten

Eine Gegenposition bezieht der Marburger Historiker Eckart Conze.

Im Vorfeld des 150. Jahrestags der Reichsgründung treten an die Stelle kritischer Distanz immer häufiger affirmative[1] Bekenntnisse zur preußisch-deutschen Nationalgeschichte und zu einer nationalstaatlichen Kontinuität. [...] Es verbieten sich simple nationalhistorische und nationalpolitische Kontinuitätspostulate und ein Jubiläumsgedenken, das den deutschen Nationalstaat der Gegenwart als Fortsetzung des Nationalstaats von 1871 ansieht und versucht, ihn in dessen Tradition zu stellen. Alles, was uns das Reich von 1871 heute noch zu sagen hat, unterstreicht Distanz und Diskontinuität [...].

Politikgeschichtlich akzentuiert wird das Kaiserreich als ein autoritärer Nationalstaat charakterisiert, ausgestattet zwar mit liberalen und demokratischen Potentialen, aber doch bis zu seinem Ende beherrscht von einer politischen Ordnung und von politischen Interessen, die den Durchbruch zu einer parlamentarischen Demokratie verhinderten. Was immer möglich gewesen sein mag, ist nicht geschehen. [...]

[E]in Nationsverständnis, das mit Blick auf das Kaiserreich primär auf Demokratisierung und Egalisierung abhebt, übersieht die Schattenseiten des Nationalismus, das Ausgrenzende, die Exklusion derer, die nicht zur Nation gehören sollten, den Imperativ der politischen, kulturellen und nicht zuletzt ethnischen Homogenisierung[2]. Geschichtsbilder, die die Modernität, die Fortschrittlichkeit und die kulturelle Dynamik des Kaiserreichs und seiner Gesellschaft betonen, [...] den aggressiven Militarismus, einen brutalen, zum Teil völkermörderischen Kolonialismus und die sozialdarwinistisch unterfütterte Ideologie nationaler Machtstaatlichkeit. [...]

Das Kaiserreich blieb bis zum Ende ein autoritärer Nationalstaat, eine konstitutionelle Monarchie, preußisch dominiert und unter dem bestimmenden Einfluss politischer und gesellschaftlicher Kräfte, die den Durchbruch hin zu einer parlamentarischen Demokratie zu verhindern wussten.

Eckart Conze: Schatten des Kaiserreichs. Die Reichsgründung von 1871 und ihr schwieriges Erbe. München 2020, S. 17–21 und S. 256

[1] bejahend

[2] Bestreben zur Erreichung von Einheitlichkeit

1. Geben Sie wieder, wie Richter (M48) und Conze (M49) Modernität und Gegenwartsrelevanz des Kaiserreichs beurteilen.
2. Vergleichen Sie die Darstellung in Ihrem Schulbuch mit M48 und M49.
3. Nehmen Sie selbst Stellung zu dieser Streitfrage.

Quellensammlungen

https://germanhistorydocs.ghi-dc.org/ghi.cfm

Bruch, Rüdiger vom/Hofmeister, Björn (Hg.): Deutsche Geschichte in Quellen und Darstellungen. Bd.8: Kaiserreich und Erster Weltkrieg 1871-1918. Stuttgart 2000.

Johann, Ernst (Hg.): Reden des Kaisers. Ansprachen, Predigten und Trinksprüche Wilhelms II. München 1966.

Ritter, Gerhard: Das Deutsche Kaiserreich 1871–1914. Ein historisches Lesebuch. Göttingen [4]1981.

Stürmer, Michael (Hg.): Bismarck und die preußisch-deutsche Politik 1871–1890. München [2]1973.

Vierhaus, Rudolf (Hg.): Am Hof der Hohenzollern. Aus dem Tagebuch der Baronin Spitzemberg 1865–1914. München [2]1979.

Literatur

Bundeszentrale für politische Bildung: https://www.bpb.de/geschichte/deutsche-geschichte/kaiserreich/

Conze, Eckart: Schatten des Kaiserreichs. Die Reichgründung von 1871 und ihr schwieriges Erbe. München 2020.

Deutsches historisches Museum: https://www.dhm.de/lemo/kapitel/kaiserreich

Evans, Richard: The Pursuit of Power. Europe 1815–1914. Harmondsworth 2016.

Frie, Ewald: Das deutsche Kaiserreich. Darmstadt 2013.

Heidenreich, Bernd/Neitzel, Sönke (Hg.): Das Deutsche Kaiserreich 1890–1914. Paderborn 2011.

Haardt, Oliver: Bismarcks ewiger Bund. Eine neue Geschichte des Deutschen Kaiserreichs. Darmstadt 2020.

Kroll, Frank-Lothar: Geburt der Moderne. Politik, Gesellschaft und Kultur vor dem Ersten Weltkrieg. Berlin 2013.

Müller, Sven/Torp, Cornelius (Hg.): Das Deutsche Kaiserreich in der Kontroverse. Göttingen 2009.

Nonn, Christoph: Bismarck. Ein Preuße und sein Jahrhundert. München 2015.

Nonn, Christoph: 12 Tage und ein halbes Jahrhundert. Eine Geschichte des deutschen Kaiserreichs 1871–1914. München 2020.

Richter, Hedwig: Aufbruch in die Moderne. Reform und Massenpolitisierung im Kaiserreich. Berlin 2021.

Rose, Andreas: Die Außenpolitik des Wilhelminischen Kaiserreichs 1890–1918. Darmstadt 2013.

Schmidt, Rainer F.: Kaiserdämmerung. Berlin, London, Paris, St. Petersburg und der Weg in den Untergang. Stuttgart 2021.

Ullrich, Volker: Die nervöse Großmacht. Aufstieg und Untergang des deutschen Kaiserreichs 1871–1918 Frankfurt/M. [2]2013

Winkler, Heinrich August: Der lange Weg nach Westen. Bd.1: Vom Ende des Alten Reiches bis zum Untergang der Weimarer Republik. München 2000.

Fachdidaktisches

Geschichte Lernen 54/1996: Staat und Gesellschaft im Kaiserreich

Geschichte Lernen 195/2020: Leben im Kaiserreich

Praxis Geschichte 4/1998: Schauplätze im Kaiserreich

Praxis Geschichte 1/2008: Krautjunker und Schlotbarone

EinFach Geschichte ... unterrichten: Das Deutsche Kaiserreich: Zwischen Tradition und Fortschritt. 2017.